L'affaire des éperons

BIOGRAPHIE

L'auteur: **Dagma H. Mueller** est née en 1961. Elle a grandi à Hambourg et a suivi des études d'allemand et de sciences du sport. Elle a exercé plusieurs professions avant de réaliser son rêve : écrire ! Elle vit avec son fils entre l'Angleterre et l'Allemagne. Tout comme son héroïne, elle est passionnée par les chevaux.

L'illustratrice : **Isabelle Maroger** est née en 1979. Elle a passé son enfance à gribouiller, commencé des études d'art, puis fini par entrer à l'école Émile Cohl à Lyon. Elle illustre des livres pour enfants et des magazines féminins en créant des images graphiques qui donnent le sourire.

Illustrations intérieures et couverture : Isabelle Maroger

Roman originellement paru aux éditions Egmont SchneiderBuch,
sous le titre : *Fiona braucht keine Sporen*

Cet ouvrage a été proposé à l'éditeur français par l'agence Editio Dialog, Lille

Dépôt légal : mars 2010 - ISBN : 978-2-7470-3006-9

Loi n° 49-956 du 16 juillet 1949 sur les publications destinées à la jeunesse

Fanny au poney-club

L'affaire des éperons

Dagmar H. Mueller

Traduit de l'allemand
par Florence Quillet

bayard jeunesse

Les héros de cette histoire

Fanny : enthousiaste et débrouillarde, elle ne ménage pas ses efforts pour atteindre son rêve : monter à poney. Elle est toujours prête à rendre service et à progresser.

Marine : la copine de Fanny. Tantôt sympa, tantôt chipie, Marine n'est pas toujours commode.

Robin : taquin, il aime bien embêter Fanny. Peut-être même a-t-il un petit faible pour elle !

Charlotte : la grande sœur de Marine. Gentille et généreuse, elle aide Fanny à réaliser son rêve et adore aussi les chevaux.

M. et Mme Petit : les propriétaires du club des Trois hiboux, et parents de Robin.

M. et Mme Legrand : les parents de Fanny.

Zébulon : le poney dont s'occupe Fanny.

Diabolo : le poney de Marine.

Madison : le cheval de Charlotte.

Mme Petit
Charlotte
Fanny
Robin
Marine

1

Désormais, Fanny se rend au club des Trois Hiboux le mardi, le jeudi et le dimanche. Ces jours-là, elle se réveille avec des picotis et des chatouillis partout. Ça la prend à l'instant même où elle ouvre les yeux !

Dans la semaine, c'est Mme Joubert, la mère de Marine et Charlotte, qui se charge des trajets. Comme elle conduit ses deux filles au centre équestre, elle emmène aussi Fanny, et parfois Juliette, une copine de la classe.

L'année dernière, Marine et Charlotte étaient les seules à aller au club. Fanny en rêvait, mais elle devait se contenter d'échanger des images de poneys pendant la récré.

Ce n'était pas toujours très rigolo... Surtout qu'avec Marine, on ne sait jamais à quoi s'en tenir : elle peut être sympa comme elle est capable de se montrer parfaitement infecte. Une vraie peste !

Par chance, Fanny a désormais un poney presque à elle, et elle peut obtenir tous les renseignements qu'elle veut sur l'équitation. Alors, ça lui est bien égal que Marine soit mal lunée ou non.

Son poney appartient en réalité au club. Il n'a pas de propriétaire, comme Madison, par exemple, qui est le cheval personnel de Charlotte. Lui, c'est Charlotte qui s'en occupe. Et elle est la seule à avoir le droit de le monter, bien entendu.

Tandis que les chevaux du club, tout le monde a le droit de les monter. Enfin, tous ceux qui ont les moyens de se payer des séances d'équitation. Ce qui n'est pas le cas de Fanny...

Parfois, heureusement, le hasard fait bien

les choses ! En effet, M. et Mme Petit, les propriétaires du club, cherchaient quelqu'un pour soigner un de leurs poneys. Ils auraient aimé une cavalière expérimentée, mais Charlotte a été extra : elle a proposé que Fanny s'en occupe, en promettant de l'aider, au moins au début. Et elle a tellement insisté que M. et Mme Petit ont fini par céder !

Et c'est ainsi que Fanny a obtenu la charge d'un poney. Et quel poney : Mme Petit lui a confié Zébulon, le plus beau gris pommelé du monde !

– Tu t'es acheté un pantalon et des bottes ? remarque Marine, assise sur la banquette arrière à côté de Fanny.

– Je les ai eus pour mon anniversaire ! répond fièrement Fanny.

Au feu rouge, Charlotte et sa mère se retournent et jettent un cou d'œil à ses belles bottes toutes neuves.

Très chic ! observent-elles en souriant.

Le feu passe au vert. Mme Joubert démarre

en trombe et s'engage à vive allure sur la nationale. Direction la campagne ! Car le Club des Trois Hiboux se situe à l'extérieur de la ville, en pleine nature.

Oui, Fanny trouve son nouvel équipement parfait. Du bout des doigts, elle effleure l'empiècement en cuir qui renforce le tissu du pantalon au niveau des genoux. C'est doux et ça sent bon ! Quant à ses bottes, elles ne sont peut-être pas en cuir, comme celles de Marine et Charlotte, mais cela n'a aucune importance. Les bottes en caoutchouc conviennent parfaitement, lui a assuré Mme Petit.

– Tu as des éperons pour aller avec ? demande Marine.

Fanny fait non de la tête. Quelle idée ! Un débutant n'a pas besoin d'éperons !

Marine a dit ça juste pour se rendre intéressante, une fois de plus. Pour bien rappeler qu'elle s'est acheté des éperons avec son argent de poche il y a peu de temps. Alors qu'elle n'a pas le droit de monter avec ! Elle les a apportés à l'école et les a montrés à tout le monde pendant la récré.

– Trop cool ! se sont extasiées Camille et Juliette.

Évidemment, Marine s'est bien gardée de leur dire qu'elle ne pouvait les mettre qu'à la maison et qu'ils lui servaient seulement pour se regarder dans la glace ! Car le port des éperons est réservé aux bons cavaliers. Et encore. On n'en met que pour des exercices bien précis, comme le dressage, par exemple. Or, s'il y a une chose dont Fanny est sûre, c'est que Marine est encore loin d'être une cavalière confirmée.

Même sa sœur aînée, qui a plus d'expérience, n'en met jamais !

– Un bon cavalier n'a pas besoin d'éperons ! dit justement Charlotte.

Sa mère enfonce le clou :

– D'ailleurs, les tiens risquent de dormir un certain temps dans ton placard, jeune fille !

Fanny ne peut s'empêcher de sourire. Visiblement, Marine n'a pas eu le succès qu'elle espérait. En tout cas, sa mère et sa sœur ont l'air de trouver que c'était un achat idiot.

Vexée, Marine colle son nez à la vitre. Fanny lui donne un petit coup de coude :

– Hé, ne fais pas cette tête ! Moi, je les trouve super, tes éperons !

– C'est vrai ? demande Marine, flattée.

– Mais oui ! affirme Fanny.

– Quand tu seras assez forte, je te les prêterai, alors, propose Marine dans un brusque élan de générosité.

« C'est gentil de sa part », pense Fanny.

– Tu n'as qu'à me les prêter maintenant ! réplique-t-elle sur le ton de la plaisanterie. Comme ça, au lieu de s'ennuyer dans ton placard, ils passeront une semaine ou deux dans le mien ! Ça leur fera des vacances !

Tout le monde éclate de rire, même Marine.

Eh oui, dans ses bons jours, c'est vraiment une fille super.

« Ce serait bien si on était vraiment copines à partir d'aujourd'hui », songe Fanny.

Car, aujourd'hui, ce n'est pas un jour comme les autres : c'est celui où Fanny prend officiellement ses fonctions de soigneur. Jusqu'ici, elle est allée au club en spectateur. Tandis que, là, elle va vraiment s'occuper de Zébulon. Elle n'ose pas imaginer tout ce qu'elle aura à faire.

– Alors ? lance Charlotte quand sa mère arrête la voiture sur le parking. Tu es prête ?

Bien sûr qu'elle est prête ! Cela fait si longtemps qu'elle pense à ce moment ! Elle est tellement impatiente que, depuis ce matin, elle fait tout de travers : elle a commencé par tomber de son lit en se levant. Ensuite, elle a pris une douche glacée, ce dont elle ne s'est aperçue que lorsqu'elle a commencé à claquer des dents. Au petit-déjeuner, elle a versé du sel dans son chocolat et, à midi, elle a confondu le pot de mayonnaise avec un yaourt...

Contrairement à sa mère, Fanny a pris tout ça en riant : les douches froides, c'est bon pour la santé ; le sucre, c'est mauvais pour les dents ; quant à la mayonnaise – bio en plus –, c'est beaucoup plus nourrissant que le yaourt ! Non, elle n'allait pas se laisser gâcher sa journée par ces incidents idiots. Elle est bien trop heureuse pour cela.

ZÉBULON

2

À peine descendue de voiture, Fanny se précipite à l'écurie et s'engouffre dans la travée. Au bout, elle tourne à droite dans la suivante, dépasse les box de Sultane, Apache, Cabochard… et parvient devant celui de Zébulon.

Tout émue, elle contemple enfin son protégé. Qu'il est beau ! Et dire que cette merveille de gris pommelé est son poney attitré ! C'est tellement extraordinaire qu'elle ne sait plus très bien si elle doit rire ou pleurer.

Le poney lève la tête de sa mangeoire et la fixe de ses grands yeux expressifs. Puis il

vient vers elle et la renifle à travers les barreaux.

– Salut ! articule Fanny d'une voix étranglée par l'émotion. C'est moi. Tu me reconnais ?

En guise de réponse, Zébulon approche ses lèvres humides de son visage. On pourrait presque croire qu'il veut l'embrasser ! Quel bonheur ! Fanny pousse un énorme soupir.

Puis, le cœur battant, elle pénètre dans le box. Mais elle reste près de la porte, au cas où. Zébulon la flaire des pieds à la tête. Elle attend sagement qu'il ait terminé, puis elle lui caresse le front de haut en bas, passe la main sous son toupet et lisse son épaisse crinière.

– Gentil poney ! murmure-t-elle à son oreille. Gentil !

Le poney se redresse d'un coup, s'ébroue vigoureusement et la regarde, l'air de dire : « Méfie-toi, je ne suis pas toujours aussi sympa ! »

Fanny se retient de pouffer et attend sans bouger qu'il s'habitue à elle.

De nouveau, il la hume et la renifle avec insistance. Il la bouscule même un petit peu ; puis il souffle par les naseaux et retourne à sa mangeoire.

Fanny ferme les yeux. La dernière fois qu'elle lui a rendu visite, juste avant les grandes vacances, il lui a fait très peur. Il n'a pas arrêté de secouer la tête dans tous les sens et de racler le sol avec ses sabots. Ça lui a fichu une telle frousse qu'elle n'a même pas osé s'enfuir. Elle s'est ratatinée contre le mur du fond et n'a rien trouvé de mieux que d'appeler au secours. Tout ça parce qu'elle ne connaissait rien au langage cheval !

En fait, Zébulon ne lui voulait pas de mal. Et elle, en appelant au secours, elle n'a réussi qu'à l'effrayer…

Robin Petit, le fils des propriétaires, qui se trouvait par là, s'est bien moqué d'elle. Fanny en est encore malade de honte. Mais c'est fini, maintenant, cela ne se reproduira plus. Quant à cet imbécile de Robin, elle s'arrangera à l'avenir pour éviter de le croiser trop souvent.

– Ah, te voilà ! fait alors une voix dans son dos. J'aurais dû me douter que je te trouverais ici !

C'est Charlotte.

– Alors, pas besoin qu'on vienne te délivrer, cette fois ?

– C'est justement à ça que je pensais ! répond Fanny avec un sourire un peu embarrassé.

– Tu as rencontré ton sauveur ? insiste Charlotte pour la taquiner.

– Non, heureusement, bougonne Fanny. Quel crétin, celui-là !

Charlotte hausse un sourcil :

– Robin est loin d'être un crétin !

– Pff..., fait Fanny en levant les yeux au ciel.

– Bon ! tranche Charlotte, tu es prête pour ta première leçon de pansage ?

– Oh oui ! s'exclame Fanny.

– Combien tu lui as donné de friandises ? Il ne faut pas trop forcer sur la dose, tu sais. Si tu veux le gâter, il vaut mieux lui filer des carottes...

– Oups ! s'écrie Fanny en plaquant les deux mains sur sa bouche. J'ai oublié les biscuits !

Pourtant, elle en a plein les poches ! Mais, dans l'émotion des retrouvailles, elle n'a plus pensé à rien. Maintenant, elle comprend pourquoi Zébulon l'a un peu bousculée. Il a senti les biscuits.

Et dire qu'elle n'a pas décodé le message. Décidément, elle a encore des progrès à faire !

Vite, elle plonge la main dans sa poche et, paume ouverte, présente quelques biscuits à Zébulon. Celui-ci lève le nez de sa mangeoire, renifle, et tchac ! saisit son goûter à la vitesse de l'éclair avant de le croquer bruyamment.

– Tu préfères le panser dehors, ou dedans ? demande Charlotte.

– Dehors ! répond Fanny sans hésiter.

– OK, approuve Charlotte. Dans ce cas, je vais chercher Madison. On se retrouve dans une minute.

Fanny va chercher un filet et le passe à Zébulon d'une main tremblante. Puis, très fière, elle entraîne son poney à l'extérieur. Elle se sent soudain beaucoup plus grande, comme si elle avait gagné au moins deux centimètres d'un seul coup. Voilà ce qui se passe quand on est une vraie cavalière !

Sauf que Zébulon prend peur à cause d'une voiture qui entre dans la cour sur les chapeaux de roues. Il tire sur sa longe et fait une embardée. Fanny a toutes les peines du monde à le retenir. Mais elle y arrive quand même, ouf !

– Bravo, Fanny ! la félicite Charlotte, qui a tout vu.

Puis elle disparaît dans l'écurie.

– Ce que tu es fort ! murmure Fanny à Zébulon en lui flattant l'encolure. Si tu avais voulu t'échapper, je n'aurais jamais pu t'en empêcher !

– Ça, c'est sûr ! raille une voix juste à côté d'elle.

Fanny pivote sur elle-même. Robin ! D'où il sort, celui-là ?

– Parce que toi, tu l'aurais maîtrisé, peut-être ? demande-t-elle sur un ton mordant.

– Évidemment. Moi, les poneys, ça me connaît !

Fanny fait la moue. Ce qu'il peut être prétentieux !

Un sourire sur les lèvres, Robin la plante là et poursuit tranquillement son chemin. Fanny est furieuse. Le pire, c'est qu'il a raison : question chevaux, il s'y connaît mieux qu'elle. Mais il n'a aucun mérite : il est le fils des propriétaires. Elle, d'accord, c'est une débutante… Mais elle a le temps d'apprendre, qu'est-ce qu'il croit ?

– Ça ne va pas ? s'étonne Charlotte en arrivant avec Madison.

– Si, si…, ment Fanny en secouant la tête comme Zébulon quand il s'ébroue.

Elle retrouve le sourire. Que Robin pense ce qu'il veut, après tout, elle ne va pas se laisser gâcher ces instants à cause de lui !

– Par quoi on commence ? demande-t-elle avec entrain.

– Prends une étrille ! annonce Charlotte en attachant Madison, puis Zébulon à un anneau fixé au mur de l'écurie. D'abord, il faut éliminer le plus gros des saletés.

Fanny attrape une brosse dure en caoutchouc et lance joyeusement :

– Et maintenant, au travail !

3

Après avoir bien étrillé Zébulon, Fanny le bouchonne énergiquement. Sa robe est déjà beaucoup plus propre et brillante lorsque Marine arrive avec Diabolo.

– Ça ne vous dérange pas si je me mets ici ? demande-t-elle.

– N… non, répond Fanny en haussant les épaules avec embarras.

En fait, elle n'a pas très envie d'être observée alors qu'elle n'est pas bien sûre d'elle. Or, Marine a tendance à se moquer dès qu'on fait quelque chose de travers.

Devant son peu d'enthousiasme, Marine prend la mouche :

– Si je vous embête, je vais le panser ailleurs !

– Mais non ! s'empresse de la rassurer Fanny.

Les trois filles passent un bon moment à brosser, frotter et lustrer la robe de leurs chouchous respectifs. Puis elles leur démêlent la crinière et la queue, à la main d'abord, puis au peigne, et leur lavent les yeux et les naseaux à l'aide d'une éponge. Reste à leur curer les pieds.

« Oh là là, ça n'a pas l'air évident ! » s'affole Fanny en regardant Charlotte et Marine lever l'un après l'autre les pieds de leur monture et les gratter avec un cure-pied.

Charlotte semble lire dans ses pensées :

– Je m'occupe des postérieurs de Zébulon, cela demande un peu plus d'expérience. Toi, essaie de nettoyer ses antérieurs, OK ?

Fanny acquiesce d'un signe de tête et s'apprête courageusement à obéir. Elle prend une grande inspiration. Pourvu que Zébulon ne lui décoche pas un mauvais coup !

Mais non, il reste sage comme une image. Il laisse pendre sa tête, les yeux mi-clos, l'air perdu dans ses rêves de poney.

– Regardez ! s'exclame Fanny. On dirait qu'il aime ça !

– Bien sûr ! répond Charlotte en riant. Le pansage, pour lui, c'est comme un massage !

Et elle ajoute, avec une petite claque sur la croupe de Zébulon :

– N'est-ce pas, mon gros ?

Il n'en faut pas plus pour arracher le poney à sa torpeur. Il proteste en s'ébrouant énergiquement, puis regarde Fanny du coin de l'œil avec une expression indignée, l'air de dire : « Ben, alors ? Je croyais que c'était toi, ma soigneuse ! Tu ne pourrais pas empêcher tes copines de me déranger pendant ma sieste ? »

Charlotte éclate de rire :

– Tu as tiré un sacré numéro : quel clown, celui-là !

Elle tapote l'encolure de Zébulon. Derrière elle, Madison se met à racler le sol avec ses sabots.

– Hé ! s'exclame Charlotte en se retournant. Tu ne vas pas me faire une crise de jalousie, quand même ! Bien sûr que c'est toi le plus beau !

Et elle caresse Madison à l'endroit qu'il préfère, juste à la naissance du cou.

Fanny contemple leurs trois montures avec satisfaction. Madison est à peine plus grand que Zébulon et Diabolo, mais ces quelques centimètres de différence suffisent à le classer dans la catégorie des chevaux. Car les poneys doivent mesurer moins de 1,48 m au garrot. C'est ce que lui a expliqué Marine il y a déjà quelque temps.

– On va boire quelque chose ? propose Charlotte.

– Oh oui ! approuvent Marine et Fanny en chœur.

Le pansage leur a donné soif. Fanny n'aurait jamais cru que c'était aussi fatigant. Elle est en nage ! N'empêche qu'elle est très fière : son poney est au moins aussi propre et pimpant que Madison et Diabolo.

Elle s'essuie le front du revers de sa manche et rabat ses cheveux en arrière.

– Vous venez ? lance Marine en se dirigeant vers le bar.

Fanny lui emboîte le pas en croisant les doigts pour ne pas tomber sur Robin. Mais ses craintes sont vite dissipées, car la buvette est déserte.

Après avoir pris chacune une limonade, Fanny, Charlotte et Marine retournent auprès des poneys. Soudain, Fanny marque un temps d'arrêt.

– Beurk ! s'exclame-t-elle en écartant les bras et en regardant son pull-over dégoûtant. Tout à l'heure, nos poneys étaient sales et nous propres, mais là…

– … c'est l'inverse ! achève Marine en riant. Une écurie, ce n'est pas une salle de bal. Si tu as peur de te salir, il vaut mieux prendre des cours de danse !

– Ça va pas, non ? s'écrie Fanny avec indignation.

Les trois filles éclatent de rire. Quand, tout à coup, elles se figent.

– Qui c'est, celle-là ? demande Charlotte en désignant du menton une adolescente en tenue d'équitation stylée, qui discute dans la cour avec Mme Petit.

– Aucune idée, marmonne Marine. Jamais vue… mais on ne va pas tarder à le savoir.

En effet, Mme Petit vient vers elles d'un pas vif.

– Bonjour, les filles ! les salue-t-elle. Alors, Fanny, comment ça se passe avec Zébulon ?

– Super bien ! répond Fanny, rayonnante.

Mme Petit examine le poney d'un œil professionnel. Elle passe la main sur ses flancs, regarde ses yeux, palpe ses jambes, et vérifie la propreté de ses pieds.

– Bon travail ! la félicite-t-elle. C'est un excellent début, continue comme ça, Fanny !

Fanny rougit, ravie du compliment. Elle est incapable de répondre quoi que ce soit, tant ça lui fait plaisir.

– Je vous présente Émilie Fournier, reprend alors Mme Petit. Ses parents souhaitent faire l'acquisition d'un de nos poneys. Je l'ai donc invitée à venir monter ceux qu'elle voudrait jusqu'à ce qu'elle ait arrêté son choix. C'est une excellente cavalière, elle n'aura pas besoin d'accompagnateur. Et, aujourd'hui, elle souhaiterait essayer Zébulon.

Se tournant vers la jeune fille, elle ajoute avec un sourire :

– Voici Fanny Legrand. C'est elle qui s'occupe de Zébulon. Tu tombes bien, elle vient de le panser. Il ne te reste qu'à le seller.

Apercevant son fils qui traverse la cour, elle l'interpelle :

– Robin, tu peux venir une minute ?

Le garçon s'avance d'une démarche nonchalante. Comme d'habitude, il mâchouille un chewing-gum. Posant une main sur son épaule, Mme Petit annonce :

– Robin Petit, mon fils.

– Chalut ! marmonne le garçon sans desserrer les dents.

– Robin Petit et Fanny Legrand ! ironise l'adolescente d'une voix haut perchée. Vous n'avez pas des Laurel et des Hardy, tant que vous y êtes ?

Rejetant la tête en arrière, elle part d'un grand rire, le plus débile que Fanny ait jamais entendu.

Fanny serre les poings. « Quelle idiote ! » se dit-elle en essayant de ne pas montrer combien elle est furieuse. « Elle se prend pour qui ? »

Bien sûr, elle garde ses réflexions pour elle. Quant à Robin, bien qu'il n'apprécie certainement pas la plaisanterie, il ne répond rien non plus. Il a moins de culot devant sa mère que lorsqu'il est seul !

Il décoche un regard noir à Émilie, puis il tourne les talons et disparaît dans l'écurie des poneys.

Mme Petit tente de détendre l'atmosphère :

– Je compte sur toi pour montrer la sellerie à Émilie, Fanny.

Puis elle ajoute à l'adresse de la cavalière :

– Tu viendras me voir à la fin de ta promenade pour me dire comment tu as trouvé Zébulon, d'accord ?

Fanny se met à trembler : cette Émilie ne lui plaît pas du tout, et si, en plus, elle se met en tête de lui piquer Zébulon... alors là...

Non, elle préfère ne pas y penser. Ce serait trop affreux. Le pire, c'est qu'elle ne peut rien faire pour empêcher Mme Petit de vendre ses poneys si le cœur lui en dit. D'un seul coup, la vie lui paraît terriblement injuste.

Charlotte n'a aucun mal à deviner ce qui la préoccupe. Sitôt Émilie partie, elle tente de lui remonter le moral :

– Hé, ne fais pas cette tête ! Mme Petit a

plus de vingt poneys dans son écurie. Pourquoi voudrais-tu qu'Émilie choisisse Zébulon plutôt qu'un autre ?

Pourquoi ? Mais parce que c'est le plus beau, le plus gentil, le plus fabuleux des poneys du club ! Et parce qu'Émilie n'est sûrement pas aveugle au point de ne pas s'en apercevoir, même si ce n'est qu'une snobinarde imbuvable.

4

L'heure de la reprise approche. Marine se dépêche de seller Diabolo et Fanny la regarde faire avec une pointe d'envie. Tous les autres ont le droit de monter, sauf elle…

– Dimanche, ça sera ton tour, tente de la réconforter Charlotte.

Peut-être, mais c'est si long jusqu'à dimanche !

Fanny va s'asseoir sur les gradins, d'où elle regarde les poneys et leurs cavaliers arriver à la queue leu leu. Pour commencer, ils viennent se placer au centre du manège.

Mme Petit vérifie brides, selles et étriers. Puis elle lance à la cantonade :

– Qui va monter en tête aujourd'hui ? Voyons…

Elle examine ses élèves un par un. Pleines d'espoir, Marine et ses copines retiennent leur souffle. Monter en tête de la reprise est un honneur, car le cavalier qui ouvre la marche donne l'exemple à tous les autres.

Un honneur, et aussi une lourde responsabilité… Si l'on ne veut pas que tout le monde se trompe, il faut faire un parcours sans faute, et donc maîtriser les différentes figures à la perfection. Fanny comprend très bien que Marine ait très envie d'être choisie.

Mme Petit se décide enfin.

– Robin, sur Cheyenne ! annonce-t-elle.

Robin lève les yeux au ciel. Pas de chance ; il doit être le seul de la reprise à ne pas souhaiter monter en tête.

Au lieu de se la couler douce, il va devoir être très concentré. Alors qu'il est souvent dans les nuages. Quand on évolue au milieu de la reprise, ce n'est pas très grave, surtout avec Cheyenne, qui est si bien rodé qu'il suit le mouvement tout seul.

L'air renfrogné, Robin donne une pression des genoux à sa monture, et sort aussitôt du rang.

– Ensuite, Marine et Diabolo ! crie Mme Petit. Puis Nadine et Chipie ! Manon et Tambourin ! Sophie sur Cabochard ! Et Caro sur Gribouille !

Les cavalières prennent leur place une par une. Bientôt, les six poneys avancent en file indienne sur la piste.

« Pas étonnant que Robin n'aime pas monter à cheval ! se dit Fanny. Être le seul garçon au milieu de toutes ces filles, ce n'est pas amusant. Moi, en tout cas, je détesterais être la seule fille dans une reprise de garçons ! »

Elle se penche en avant, les coudes calés sur les genoux, le menton dans les mains, à la recherche d'une position confortable. Une heure à rester assise sans rien faire, c'est long !

– Doublez dans la longueur en changeant de main ! commande Mme Petit au bout d'un moment.

Tous ses ordres, elle les donne en criant. La première fois qu'elle a assisté à une reprise, Fanny a cru qu'elle était énervée. Depuis, ça ne l'effraie plus. Si Mme Petit donne de la voix, c'est pour que ses élèves l'entendent même quand ils galopent et qu'ils ont du bruit dans les oreilles. Si elle leur parlait doucement, ils ne compren-draient rien.

– J'ai dit : « dans la longueur », Robin ! répète-t-elle un ton plus haut. Concentre-toi, s'il te plaît !

Au lieu de changer de trajectoire à l'endroit voulu, Robin a continué tout droit. Maintenant, il doit attendre le pro-chain repère pour effectuer la figure demandée.

Dans son dos, les filles ricanent. Robin fait une tête d'enterrement. Normal : pour louper un repère, il faut être vraiment dans la lune…

Fanny reporte son attention sur les lettres disposées à intervalles réguliers sur les murs du manège. Charlotte lui a expliqué qu'elles indiquent les points où démarrer les figures. Mais ça n'a pas l'air évident. Fanny a très peur de s'emmêler les pinceaux. Jamais elle ne réussira à retenir tout ça !

« C'est curieux que Robin ne sache toujours pas où il doit tourner, se dit Fanny. Depuis le temps ! »

Le voici justement à hauteur d'un repère. Cette fois, il fait plus attention. Il quitte la piste pile à l'endroit voulu, amène Cheyenne au centre du terrain et lui fait rejoindre le petit côté par la piste opposée. Les autres poneys en font autant. Puis tous reprennent leur progression autour du manège.

Fanny se régale du spectacle. Que c'est beau, tous ces poneys qui serpentent à la queue leu leu... À condition de ne pas devoir chevaucher en tête, peut-être qu'elle arrivera à se débrouiller, après tout... Elle n'aura qu'à faire comme les autres.

– Au trrrot ! crie Mme Petit.

Ah, ça commence à devenir intéressant !

En effet, les poneys semblent se réveiller. Mais Cabochard fait des siennes

– Raccourcis les rênes, Sophie ! crie Mme Petit en le voyant piaffer.

Sophie tire tant qu'elle peut sur les rênes. Mais Cabochard n'a pas envie de trotter. Sortant du rang, il part au galop et double tout le monde. Il ne ralentit qu'à l'autre bout de la piste.

Rouge de fatigue et sans doute un peu de honte, Sophie décrit une large courbe et vient reprendre sa place derrière Manon et Tambourin.

Mme Petit attend que le calme soit revenu, puis elle donne l'ordre suivant :

– Au trot enlevé !

Les élèves se lèvent et se rasseyent en cadence, prenant appui sur leurs étriers un temps sur deux. Ça a l'air difficile ! Pourtant, d'après Charlotte, c'est plus confortable que de rester en selle.

Fanny pousse un soupir. D'un côté, elle est impatiente d'avoir sa première leçon.

Mais, de l'autre, elle est un peu inquiète. Et si elle n'était pas douée pour l'équitation ?

– Tu balises ? fait alors une voix dans son dos.

Comment Charlotte a-t-elle deviné ?

– T'en fais pas ! poursuit Charlotte. La première fois, personne ne te demande de monter comme une championne olympique.

– Hum, opine Fanny.

– Je vais faire une séance de travail à la longe avec Madison. Je n'ai pas de reprise aujourd'hui, mais il a besoin d'exercice. Ça te ferait plaisir de le monter, pour voir ?

Et comment ! Le cœur de Fanny bondit dans sa poitrine.

C'est vrai ? Elle ne va pas être obligée d'attendre jusqu'à dimanche pour s'asseoir sur un cheval ? Elle peut essayer tout de suite ?

– Oh oui ! balbutie-t-elle, radieuse.

Qui a dit qu'elle avait peur ? C'est bien simple, elle n'a plus aucune appréhension. Elle va monter à cheval, il n'y a que ça qui compte. Depuis le temps qu'elle en rêve !

Charlotte grimace un sourire :

– Eh bien, qu'est-ce que tu attends ?

5

Charlotte disparaît dans l'écurie et en revient une minute plus tard avec une longe, c'est-à-dire une longue corde terminée par un mousqueton qu'elle fixe au licol de son cheval. Puis elle conduit Madison à la carrière située à l'arrière du manège couvert. Elle le fait travailler d'abord au pas, puis au trot. Quand elle estime qu'il est assez échauffé, elle l'arrête et s'approche de lui en raccourcissant la longe progressivement. Elle se tourne alors vers Fanny en souriant, qui est restée timidement derrière la barrière.

– Tu viens ? propose-t-elle. Ou tu préfères regarder ?

– N… non…, enfin oui ! hésite Fanny.

– Dépêche-toi ! l'encourage Charlotte en riant. Pas de chichis, en piste !

Prenant son courage à deux mains, Fanny vient se placer à gauche de Madison. Comme il n'y a pas d'étriers, Charlotte lui fait la courte échelle :

– Allez, hop ! À cheval !

Elle en a de bonnes ! Fanny sait qu'elle doit prendre appui sur son pied gauche et lancer la jambe droite par-dessus la croupe de Madison. Mais la théorie est une chose, et la pratique en est une autre. D'un seul coup, Madison lui paraît immense.

– Qu'est-ce que tu attends ? s'impatiente Charlotte.

Fanny pose le pied sur ses mains.

– Ton bras gauche sur l'encolure, conseille son amie. Attention, à trois, je lève ! Un… deux… trois !

Joignant le geste à la parole, elle hisse Fanny le plus haut possible. Celle-ci lève la jambe droite sur le côté et se retrouve tout naturellement à califourchon.

Fanny n'en revient pas. Ça y est, elle a réussi ! Elle est à cheval !

Madison n'a pas bronché.

– Super, mon grand ! le félicite Charlotte. Allez, au pas ! ajoute-t-elle avec un claquement de langue.

Madison décrit tranquillement un cercle autour de sa jeune maîtresse. Fanny n'est pas peu fière.

– Tiens-toi droite ! lui commande Charlotte. Bravo ! Et maintenant, les bras en croix ! Comment tu te sens ?

Fanny est trop émue pour répondre. Elle adresse à Charlotte un sourire qui en dit long.

Madison continue d'avancer au pas. Fanny se laisse bercer, elle a l'impression d'être sur une balançoire. En mieux, bien sûr, car le corps chaud et souple de Madison lui procure une extraordinaire sensation de douceur. Plus étonnant encore, elle n'a pas peur du tout. Elle se sent même tout à fait en sécurité.

– Tu veux passer au trot ? demande Charlotte.

Et, sans attendre la réponse, elle lance :

– Au trrrot !

Docile, Madison force aussitôt l'allure.

Oh là là ! Fanny ne s'y attendait pas ! Elle glisse un peu sur le côté et manque de tomber. Elle se raccroche à la crinière.

– Non, ne te penche pas en avant ! corrige Charlotte. Essaie de te tenir droite, au contraire !

Se tenir droite ? Fanny veut bien essayer... Elle s'applique tant qu'elle peut, et elle trouve qu'elle ne se débrouille déjà pas si mal !

Trois tours de piste et quelques mini-frayeurs plus tard, elle est en nage. Monter est drôlement fatigant, Charlotte alterne les allures, faisant travailler Madison successivement au trot et au pas. Mais, peu à peu, Fanny prend le rythme. Au trot, elle arrive à régler ses mouvements sur ceux de Madison. Comme si elle et lui se complétaient parfaitement. Au bout d'un moment, elle commence à se détendre. Tiens, voilà les picotis et les fourmillements qui recommencent. C'est tellement délicieux que Fanny s'écrie :

– Youpiiiiii !

Mais un coup de klaxon retentit dans la cour et Madison fait une embardée sur le côté. Fanny se retrouve par terre avant d'avoir eu le temps de dire ouf.

– Ho, ho ! fait Charlotte pour arrêter Madison.

Puis elle s'approche de Fanny.

– Tu t'es fait mal ? lui demande-t-elle.

– Sais pas ! répond Fanny, à moitié sonnée en se frottant les fesses.

Tout s'est passé si vite qu'elle n'a même pas eu le temps d'avoir peur. Elle en est quitte pour un beau bleu… Par chance, elle ne s'est pas fait trop mal.

– Le premier bleu de ta carrière ! rit Charlotte. Ça se fête !

Fanny éclate de rire à son tour.

– Allez, hop, à cheval ! la presse Charlotte en croisant les mains.

Cette fois, Fanny prend appui dessus sans hésiter, lance la jambe droite et s'installe à califourchon comme si elle avait fait ça toute sa vie. Charlotte ordonne aussitôt à Madison de repasser au trot. Fanny est ravie. Ses couettes, qui dépassent de sa bombe, se soulèvent en cadence. Elle a très mal aux fesses, mais elle songe que c'est le signe d'une véritable cavalière ! Une cavalière qui ne se décourage pas à la première chute.

La séance touche à sa fin. Charlotte ordonne à Madison de faire un dernier tour au pas avant de le ramener à l'écurie, quand

Émilie débouche ventre à terre dans la cour avec Zébulon.

Sa belle robe est entièrement trempée de sueur, et blanche d'écume à certains endroits. Exténué, le poney laisse pendre sa tête. Sa cavalière, elle, affiche un air très satisfait.

– Mon Dieu ! s'exclame Fanny à la vue du poney éreinté.

– Qu'est-ce qu'elle lui a fait ? laisse échapper Charlotte avec effroi. C'est dingue ! On ne lui a jamais demandé d'entraîner ce pauvre Zébulon pour le championnat d'Europe !

Les deux filles échangent un regard consterné.

6

Sur le chemin du retour, dans la voiture, Fanny reste longtemps silencieuse. Jusqu'au moment où elle demande d'une voix tremblante :

– Vous croyez qu'Émilie va vouloir acheter Zébulon ?

– Hum..., hésite Charlotte.

– Tout à l'heure, tu as dit qu'il n'y avait pas de raison ! lui rappelle Fanny.

– C'est vrai, reconnaît Charlotte. Mais...

– Qui est cette Émilie dont vous parlez ? fait Mme Joubert.

– Une snobinarde et une peau de vache !

répond Fanny du tac au tac. Ses parents veulent lui acheter un poney…

– Et alors ? s'étonne la mère de Charlotte et Marine. Je ne vois pas le rapport !

– Tu aurais vu comment elle a maltraité Zébulon…, explique Charlotte.

– Moi, je la trouve sympa ! l'interrompt Marine, assise à côté de Fanny. Ce n'est pas parce qu'elle a plus d'autorité sur sa monture que la plupart des élèves du club que c'est une peau de vache.

Fanny se mordille la lèvre :

– Tu n'as pas eu l'impression que Zébulon était crevé ?

– Bah, réplique Marine. Elle l'a peut-être un peu poussé. Mais, franchement, rien de bien méchant…

– Pourquoi elle a dit qu'elle voulait le monter encore vendredi prochain, à ton avis ? s'inquiète Fanny.

Émilie a été si emballée par Zébulon qu'elle a demandé à Mme Petit de faire une nouvelle sortie avec lui. Ce qui explique pourquoi Fanny est si nerveuse.

– On ne pourrait pas parler d'autre chose ? bâille Marine.

Charlotte se retourne et la remet à sa place :

– Si Émilie décidait d'acheter Diabolo, tu serais aussi dans tous tes états, non ?

– Qu'est-ce que t'en sais ? riposte Marine, boudeuse.

Néanmoins, elle se penche en avant et demande à sa mère :

– Dis, M'man, vous avez bien promis de m'acheter Diabolo pour mon anniversaire, hein ?

« Quelle égoïste ! s'agace Fanny. Elle ne s'intéresse qu'à elle. Les autres, elle s'en fiche ! »

Mme Joubert arrête la voiture devant chez Fanny. La fillette ouvre la portière et lance poliment :

– Merci beaucoup ! Et à vendredi !

– À demain, tu veux dire, ricane Marine. On a école, je te rappelle.

– Ah oui, c'est vrai… À demain, corrige Fanny.

L'école ? C'est le cadet de ses soucis. Elle monte l'escalier quatre à quatre et s'engouffre dans l'appartement en criant :

– Je suis là !

Vite, elle se dépêche d'enlever ses bottes. Puis elle se précipite à la cuisine, pensant y trouver sa mère. Mais non, elle tombe sur son père qui épluche des légumes.

– Où est maman ? demande-t-elle, déroutée.

– À son cours de gym, répond son père avec une grimace amusée. Désolé, tu vas devoir te contenter de moi !

– Ah ! soupire Fanny sans pouvoir cacher sa déception.

Son père ne comprend pas toujours ce qu'on lui raconte. En général, sa mère est bien meilleure pour l'aider à résoudre ses problèmes.

– Alors ? lance gaiement son père en s'essuyant les mains. C'était comment ?

Fanny hésite. Son père l'encourage d'un sourire chaleureux :

– Tu devais t'occuper de Zébulon pour la

première fois, il me semble ?

– Oui ! répond tristement Fanny en s'affalant sur une chaise. Sauf que...

Ne sachant pas par où commencer, elle réfléchit. Puis, les yeux brillants d'excitation, elle raconte tout en bloc sans pouvoir s'arrêter : qu'au début tout s'est bien passé, que Charlotte a été super sympa, qu'elle lui a montré comment étriller Zébulon, que Mme Petit l'a félicitée d'avoir fait un si bon travail... qu'elle a monté Madison, au pas et au trot, et à cru, en plus...

Elle mentionne sa chute en riant :

– Tu sais, je n'ai même pas eu peur !

Son père l'écoute de bout en bout sans l'interrompre, l'air aussi intéressé que s'il était lui-même fou d'équitation.

Fanny en arrive à Émilie. Et, là, ses yeux se remplissent de larmes. À la fin, quand elle décrit l'état dans lequel l'adolescente a ramené Zébulon, elle a la gorge qui se noue.

Alors son père la prend dans ses bras. Incapable de se retenir plus longtemps, elle éclate en sanglots.

– Tu te rends compte ? hoquette-t-elle. Si cette peste achète ce pauvre Zébulon, il va être super malheureux !

– Du calme, du calme, tente de la rassurer son père en lui tapotant le dos. Il n'est pas encore vendu !

Mais Fanny est inconsolable. Son père déclare :

– Dimanche, Maman et moi nous t'accompagnerons au club. Tu pourras tout nous montrer. Et on discutera avec Mme Petit. D'ici là, ton Émilie aura peut-être choisi un autre poney !

– Ce n'est pas mon Émilie ! proteste Fanny avec indignation.

Néanmoins, elle est un peu rassurée. Quand ses parents verront combien Zébulon est merveilleux, ils comprendront pourquoi elle tient si fort à lui ! En attendant, il faut qu'elle trouve un moyen d'empêcher Émilie de l'acheter.

Et dire que cette peste a décidé de sortir avec lui vendredi…

Le lendemain, à l'école, Fanny est incapable de se concentrer. Elle n'arrête pas de penser à Zébulon. Ah, si seulement elle était assez riche pour pouvoir se l'offrir, elle l'achèterait sur-le-champ ! Pourquoi faut-il toujours que ce soit les autres qui aient de la chance ? C'est vraiment trop injuste…

Pendant la récré, Marine discute avec Camille et Juliette dans un coin de la cour en faisant comme si Fanny n'existait pas. Aucune importance. Fanny aime autant être seule. Elle a besoin de réfléchir.

Assise sur une marche du perron, elle tortille ses couettes d'un air songeur. Elle est si absorbée dans ses pensées qu'elle n'entend pas Juliette arriver.

– Alors, comment ça s'est passé ? lui demande celle-ci.

Fanny se redresse en sursaut :

– Hein ? Oh… plutôt bien…

– Mais encore ? insiste Juliette, qui brûle d'en savoir davantage.

C'était cool, reprend Fanny. Sauf que Zébulon – tu sais, le gris pommelé que tu as

vu la fois où tu es venue au club avec nous – eh ben… il va peut-être être vendu.

Juliette écarquille les yeux.

– Non ! s'exclame-t-elle. C'est vraiment pas de bol ! Tu vas avoir un autre poney à soigner ?

– Mais je n'en veux pas d'autre ! s'écrie Fanny, désespérée.

Juliette n'en revient pas. Elle, si on lui proposait un poney, n'importe lequel, elle s'estimerait heureuse. Mais Fanny paraît si triste qu'elle lui fait pitié. Gentiment, elle lui passe un bras autour de l'épaule.

Du coup, Fanny lui parle d'Émilie.

– Et Marine, qu'est-ce qu'elle en dit ?

– Bah, Marine…, marmonne Fanny en louchant en direction de Marine et Camille qui échangent des images de poneys.

En temps normal, elle aurait bien aimé être avec elles. Mais, aujourd'hui, elle n'a pas la tête à ça. Il faut qu'elle trouve un moyen d'empêcher que Zébulon tombe entre les mains d'Émilie.

– En fait, je crois qu'elle s'en fiche…,

poursuit-elle avec amertume. Du moment qu'Émilie n'achète pas Diabolo !

– Hum, fait Juliette d'un air entendu.

Soudain, elle donne un coup de coude à Fanny et déclare avec un sourire en coin :

– Tu ne pourrais pas t'arranger pour que Zébulon soit horrible ?

– Comment ça ? sursaute Fanny.

Zébulon, horrible ? Quelle idée !

– Oui, si tu lui teignais la crinière en rouge, explique Juliette. Ce serait sûrement très laid ! Émilie n'aurait plus envie de l'acheter…

Fanny hausse les épaules :

– Ça ne suffirait même pas. Il faudrait qu'il ait une queue d'âne…

– … et les oreilles tombantes… ou des rayures jaunes sur les jambes ! pouffe Juliette.

Fanny retrouve un peu d'entrain. Juliette est vraiment sympa. Beaucoup plus compréhensive que Marine, en tout cas. Ça lui fait chaud au cœur.

– Et des dents de lapin ! ajoute-t-elle en gloussant.

Les deux filles éclatent de rire en même temps.

– Qu'est-ce qu'il y a de si drôle ? interroge soudain une voix derrière elles.

– Oh, rien ! répondent Juliette et Fanny en ricanant comme des bécasses.

Marine prend un air pincé. Ce n'est jamais très amusant de se sentir exclue, surtout quand on aime toujours tout savoir !

– Vous voulez voir mes nouvelles cartes ? propose-t-elle.

– Pas aujourd'hui ! lance Juliette.

Un peu vexée, Marine se tourne vers Fanny :

– Et toi ?

– Une autre fois !

Marine fronce les sourcils. Elle n'est pas habituée à ce qu'on lui refuse quoi que ce soit. Mais elle n'est pas du genre à lâcher prise.

– Au fait, j'ai quelque chose pour toi, déclare-t-elle.

Fanny lève le nez :

Ah oui ? Quoi ?

Marine prend une pose satisfaite. Un sourire énigmatique sur les lèvres, elle fouille dans sa poche… et en retire ses éperons flambant neufs.

– Tiens ! Puisque tu les voulais, je te les prête.

– Oh ! fait Fanny en ouvrant des yeux comme des soucoupes.

Ça alors… À vrai dire, elle n'en a rien à faire, de ces éperons. La seule chose qui l'intéresse, en ce moment, c'est Zébulon. Mais c'est quand même sympa de la part de Marine.

– Merci ! murmure-t-elle en faisant disparaître les précieux éperons dans sa poche.

7

Le vendredi suivant, quand Fanny s'installe à côté de Marine dans la voiture de Mme Joubert, elle ne ressent pas les picotis et les chatouillis habituels. Bien sûr, elle est contente de retourner au club et de revoir Zébulon, mais l'idée qu'elle ne pourra peut-être plus profiter de lui très longtemps lui gâche son plaisir.

Normalement, elle aime bien bavarder avec Charlotte et Marine. Mais, là, elle se tait.

– Qu'est-ce que t'as ? s'étonne Marine.

– J'ai peur de perdre Zébulon..., avoue Fanny dans un souffle.

– Bon sang, mais arrête avec cette histoire ! grogne Marine.

Fanny ne répond pas, mais elle n'en pense pas moins :

« Facile à dire ! Et si on te piquait Diabolo, comment tu réagirais ? Hein ? »

– Tu as essayé les éperons ? lui demande Marine pour changer de sujet.

Fanny répond par un vague « hum, hum ».

Bien qu'elle ait trouvé ça un peu ridicule, elle a mis son pantalon d'équitation et ses bottes, a chaussé les éperons flambant neufs et s'est regardée dans la glace. Cela faisait très pro, elle était aussi chic que les cavalières des concours hippiques à la télé. Comme elle avait l'air grande, d'un seul coup !

Son père l'a surprise en train de se pavaner, et il a été étonné de la voir avec des éperons. Gênée, Fanny a expliqué qu'une copine les lui a prêtés, juste pour voir. Puis elle s'est dépêchée de se changer et a fait disparaître les éperons dans son placard.

Depuis, elle n'a pas cessé de penser à

Zébulon. Mais, ça, Marine ne le comprend pas. Pire, elle appuie là où ça fait mal :

– J'espère qu'on va voir Émilie !

– Je croyais que vous ne l'aimiez pas ? s'étonne sa mère en la regardant dans le rétroviseur.

– Fanny et Charlotte peut-être, mais pas moi ! réplique Marine. Tu verrais sa tenue ! Elle est trop classe !

– C'est comme ça que tu juges les gens ? s'indigne Charlotte. D'après leurs fringues ?

– Pfff, fait Marine en haussant les épaules, vexée.

À peine le moteur arrêté, Fanny saute de voiture pour courir à l'écurie. Sur le seuil, elle tombe sur Mme Petit qui arrive en sens inverse.

– Ah, Fanny, te voilà ! s'exclame celle-ci. Justement, je voulais te parler !

Lui parler ? Fanny se met à trembler. Alors, c'est fini ? Émilie a déjà acheté Zébulon ?

– Viens ! ordonne Mme Petit sur un ton qui ne souffre pas la discussion ; j'ai quelque chose à te montrer.

Elle entraîne Fanny vers le box de Zébulon. La tête basse, la fillette la suit en trottinant.

– Émilie vient de rentrer de sa promenade, explique-t-elle en tournant dans la travée de droite. Pas besoin de doucher Zébulon. Tu n'auras qu'à le sécher et lui faire une toilette « retour au box ». Tu vois ce que je veux dire ?

– Curer les pieds, démêler les crins, laver les jambes et bouchonner…, récite Fanny sans hésiter.

– C'est ça ! approuve Mme Petit.

Parvenue devant le box, elle ouvre la porte et se fige en découvrant son poney chéri.

– Oh, non ! s'écrie-t-elle. Qu'est-ce qui t'est arrivé ?

Zébulon ne salue même pas ses visiteuses. La tête basse, il reste sans bouger au fond du box. Ses flancs palpitent, sa respiration est haletante. Le pauvre n'a plus un poil de sec. Sa crinière trempée colle par paquets à sa robe inondée de sueur.

« Exactement comme mardi dernier ! » se dit Fanny en se mordant les lèvres.

– Eh bien ! gronde Mme Petit. On ne t'a pas ménagé !

Pour toute réponse, Zébulon lève faiblement la tête et la dévisage d'un œil éteint. Saisie de pitié, Fanny a soudain très envie de pleurer. Le pauvre, comme il a l'air surmené ! C'est affreux…

« Quel dommage que les poneys ne parlent pas le langage des humains, songe-t-elle avec colère. S'il le pouvait, Zébulon dirait sûrement à Mme Petit ce qu'il pense de cette Émilie de malheur. Ça ne devrait pas être permis de traiter les animaux comme ça. »

Fanny s'attend à ce que Mme Petit réagisse. C'est très grave. Raisonnablement, elle devrait exclure Émilie du club sur-le-champ ! Et même, elle pourrait porter plainte…

Mais non, la directrice ne semble pas prendre les choses au tragique.

– Hum, fait-elle avec un calme surprenant. Tu vas lui faire faire quelques tours au pas, le temps qu'il récupère. Quand il aura séché, tu le panseras.

Fanny sort Zébulon du box sans rien dire et l'emmène sur le rond de longe. Ah, comme elle aimerait écraser cette punaise d'Émilie ! Hélas, elle ne peut rien contre elle. Tout ce qu'elle a à faire, c'est aider Zébulon à récupérer après sa promenade.

Peu à peu, Zébulon se détend. Fanny s'aperçoit alors que Robin la surveille d'un œil critique. Zut ! Il ne manquait plus que lui ! Depuis combien de temps est-il là, celui-là ?

« Quel idiot ! » se dit Fanny en s'efforçant de ne pas faire attention à lui.

Malheureusement, Robin ne la quitte pas des yeux. Accoudé à la barrière, il observe tous ses faits et gestes en mâchouillant un chewing-gum, comme d'habitude.

Un quart d'heure plus tard, Fanny décide que Zébulon a bien récupéré. Elle le conduit devant l'écurie, l'attache à un anneau et part chercher une mallette de pansage. Quand elle revient, Robin l'attend à côté du poney.

– Qu'est-ce que tu fais ? l'apostrophe-t-il sèchement.

– Ben... je le panse ! répond Fanny, troublée. Pourquoi ?

– Pourquoi ? raille Robin d'un air méprisant. Mais parce qu'on ne laisse pas un poney trempé dans le froid !

Fanny sursaute. Froid ? N'importe quoi ! Il fait bon... À la réflexion, Robin n'a pas complètement tort : il est vrai que le vent est frais...

Elle pousse un soupir. Elle a encore tant de choses à apprendre...

« C'est fou ce que l'on peut faire comme bêtises quand on est débutant ! » se dit-elle, pleine de remords.

Elle ne vaut pas mieux qu'Émilie ! Malgré toute sa bonne volonté, Zébulon a failli prendre froid par sa faute.

Elle le détache donc pour le faire rentrer au chaud. Il y a des emplacements de pansage à l'intérieur.

Saura-t-elle un jour s'y prendre avec les chevaux ? s'interroge-t-elle avec tristesse. Réussira-t-elle à devenir une cavalière digne de ce nom ? Ou continuera-t-elle toujours à tout faire de travers ?

S'appliquant de son mieux, elle commence par racler la sueur de Zébulon à l'aide d'un couteau à chaleur. Puis elle nettoie les yeux avec une éponge humide. On dirait que Zébulon aime ça ! Il cherche à mordiller l'éponge comme s'il voulait vérifier si l'eau y est meilleure que dans son abreuvoir.

Fanny lui passe les bras autour du cou.

– Ah, Zébulon ! murmure-t-elle. Si seulement tu pouvais me dire ce qui ne va pas quand je fais quelque chose de mal.

En guise de réponse, il lui donne un petit coup de tête affectueux, comme pour la consoler.

Après lui avoir donné de petites tapes amicales sur l'encolure pour le remercier, Fanny s'attaque au démêlage de la crinière. Puis elle étrille sa robe, dont les poils sont encore collés.

Elle ne tarde pas à remarquer que Zébulon tressaille chaque fois qu'elle lui effleure le flanc. C'est nouveau. La dernière fois, il n'a

pas bronché. Il faut dire que c'était avant qu'Émilie ne le monte !

Fanny passe de l'autre côté. Là, même réaction. Manifestement, Zébulon ne supporte pas qu'on le touche.

« Bizarre..., songe Fanny. C'est comme s'il avait mal quelque part. »

Elle tente de se rassurer en se disant qu'il a peut-être des jours avec et des jours sans, comme Marine.

Cette idée lui arrache un sourire.

Sur le trajet du retour, elle est encore plus silencieuse qu'à l'aller.

– Eh ben… t'es pas marrante aujourd'hui ! la houspille Marine.

Mais Fanny ne répond rien. À force, elle commence à en avoir marre de Marine et de ses réflexions.

Et, en attendant que son père vienne l'embrasser dans son lit ce soir-là, elle se dit que ce serait top de ne pas dépendre de Marine pour aller au club.

Heureusement, dimanche, elle s'y rendra avec ses parents. Ils veulent faire la connaissance de Mme Petit et, surtout, ils comptent assister à la première reprise de leur fille, et prendre plein de photos de Fanny et de Zébulon.

– Avant et après ! promet son père.

Fanny ne comprend pas :

– Avant et après quoi ?

– Que tu sois championne du monde ! répond son père en riant.

Fanny se moque d'être la meilleure cavalière du monde. Du moment qu'elle apprend à monter et qu'elle peut s'occuper de son Zébulon !

Elle rougit de plaisir. Car son père semble croire dur comme fer qu'elle va bien se débrouiller. Et il a l'air très fier d'elle.

Alors, elle lui donne un gros baiser sur la joue.

8

Comme les parents profitent du week-end pour venir assister à la reprise de leurs enfants, il y a beaucoup plus de monde au club le dimanche qu'en semaine. Les gradins sont bondés.

– En piste ! crie Mme Petit, la monitrice, qui s'impatiente.

Aussitôt, les jeunes cavalières viennent se placer au centre du terrain. De leur côté, les parents se taisent.

Fanny est restée en arrière avec Polochon. Avec l'aide de Charlotte, elle essaie de régler la longueur des étriers. Le dernier cavalier à avoir monté Polochon avait les jambes plus courtes qu'elle !

– Dépêche-toi, tu vas être en retard ! fait soudain une voix dans son dos.

Fanny se retourne d'un coup et se retrouve nez à nez avec Robin. Encore lui !

– Parle pour toi ! réplique-t-elle du tac au tac. Où est Cheyenne ?

– Aujourd'hui, je ne monte pas..., répond-il.

Et il ajoute avec une grimace expressive :

– ... je regarde !

« Imbécile ! » pense Fanny en haussant les épaules.

S'il croit que ça la gêne d'être observée !

– C'est bon ! annonce Charlotte. Vite, à cheval, sinon Mme Petit va s'énerver !

Fanny saute en selle et entre sur la piste pour la première fois de sa vie. Tout le monde la regarde. Oh là là ! Est-ce parce qu'elle arrive la dernière, ou parce qu'elle ne se tient pas bien à cheval ?

Elle est si intimidée qu'elle est presque tentée de renoncer. Mais elle aperçoit ses parents dans l'assistance. Son père a l'air aussi fier que si elle se présentait à un concours international ! Sa mère lui sourit et lui souhaite bonne chance par gestes. Fanny se décontracte. Ces encouragements lui donnent confiance.

L'avant-veille, elle a encore monté Madison, mais sellé, cette fois. Et Charlotte lui a appris à démarrer au pas et à demander l'arrêt. Fanny s'en est bien sortie. Reste à espérer que Polochon sera aussi docile que Madison !

Jusqu'au dernier moment, Fanny a rêvé de monter Zébulon. Mais Mme Petit en a décidé autrement :

– Tu feras tes débuts sur Polochon, comme tout le monde ! Il est parfait pour commencer.

Fanny sait qu'elle doit fermer la marche. Les autres sont tous plus expérimentés, il est normal qu'elle soit la dernière. De cette manière, elle ne risque pas de gêner ses camarades.

– Quand la reprise passera au trot, toi, tu décrocheras et tu continueras au pas sur la piste intérieure, s'il te plaît, lui commande Mme Petit.

Fanny fait signe qu'elle a compris. Heureusement que Charlotte lui a montré ce qu'est la piste intérieure, par opposition à la piste extérieure, qui longe les murs du manège. Ainsi, les autres cavaliers pourront la doubler sans problème.

Fanny jette un regard à Zébulon, qui marche en tête. Il est monté par une fille qui s'appelle Sarah. Il n'a pas l'air en grande forme et paraît très nerveux. Sarah a toutes les peines du monde à le contrôler.

Fanny fronce les sourcils. L'attitude de Zébulon ne serait-elle pas liée aux mauvais traitements que lui fait subir Émilie, par hasard ?

– Qu'est-ce qui t'arrive ? demande Mme Petit à Sarah.

– Je n'y comprends rien ! répond la fillette sur un ton désemparé. Il est super sensible ! À la moindre pression des jambes, il regimbe !

Elle talonne légèrement les flancs du

poney, qui fait aussitôt une embardée.

– Hooo ! crie Mme Petit en s'approchant. Tout doux, Zébulon !

Et elle commande :

– La reprise à l'arrêt !

Elle se penche et ausculte le poney gris pommelé sous toutes ses coutures. De la main, elle lui palpe le ventre, les cuisses et les jambes ; mais elle ne découvre rien d'anormal.

– Mets-le au pas ! ordonne-t-elle à Sarah.

La fillette exerce une légère pression des cuisses. Zébulon tressaille, mais il obéit sans rechigner.

– Hum, grommelle Mme Petit en observant la cavalière et sa monture d'un air perplexe. Je ne vois pas ce qu'il a. Je l'examinerai à la fin de l'heure.

Fanny se retient de crier que c'est sûrement la faute de cette maudite Émilie si Zébulon n'est pas dans son état normal. Mais il faudrait encore pouvoir le prouver. Alors elle essaie de se concentrer sur Polochon.

Jusqu'à maintenant, tout s'est plutôt bien passé. Polochon suit le mouvement quasiment sans que Fanny ait à intervenir. Les choses se compliquent un peu au moment de rejoindre la piste intérieure. Elle peine à le retenir de partir au trot comme les copains. Il ne voit pas pourquoi il n'aurait pas le droit, lui aussi, de se défouler un peu !

Sur les instructions de Mme Petit, Fanny raccourcit les rênes. Mais, lorsque les autres la doublent pour la troisième fois, d'un coup de tête énergique, Polochon tire sur les rênes et s'élance derrière la reprise sans que Fanny puisse faire quoi que ce soit pour l'en empêcher. Se maintenir en selle est déjà bien assez difficile.

Mme Petit sourit d'un air amusé.

– Bon, puisqu'il y tient, laisse-le trotter, Fanny ! lui crie-t-elle. Mais détends-toi et tiens ton dos bien droit !

Se détendre ? Elle en a de bonnes ! Fanny est secouée comme un prunier ! Madison, lui, a des mouvements bien plus réguliers. Tandis que Polochon, plus petit que les autres, martèle le sol à petites foulées rapides pour ne pas se laisser distancer. Fanny ne tarde pas à se sentir complètement moulue. Quand elle passe devant la tribune des spectateurs, elle cherche son père des yeux et l'aperçoit qui prend des photos. À côté de lui, horreur ! Robin ricane. Il a l'air de trouver super rigolo de voir Fanny rebondir sur sa selle comme un lapin sauteur.

« Il m'énerve ! » peste Fanny intérieurement. Mais elle ne se laisse pas démonter. Elle presse les flancs de sa monture avec les genoux, et s'efforce de ne pas trop se pencher en avant.

– C'est bien, Fanny ! la félicite Mme Petit. Bravo ! Continue comme ça !

Bien qu'elle soit en nage et qu'elle ait les joues brûlantes, Fanny sourit.

– Toute la reprise au pas ! crie Mme Petit.

Les élèves viennent se ranger au centre du terrain. Ouf ! Fanny n'aurait pas tenu plus longtemps. Elle est épuisée.

– Pas mal du tout pour une première fois ! la complimente encore Mme Petit avec une petite tape sur l'encolure de Polochon.

À bout de forces, mais ravie, Fanny saute à bas de son poney. Du coin de l'œil, elle voit Robin qui quitte le manège. Mais déjà ses parents se précipitent vers elle.

Sa mère la prend dans ses bras.

– Félicitations, ma chérie ! dit-elle avec émotion.

– Tu t'es drôlement bien débrouillée ! ajoute son père en l'embrassant sur le front.

Ils sont interrompus par Mme Petit, qui vient les saluer.

– Ravis de vous rencontrer ! Votre fille est très douée !

Puis, se tournant vers Fanny, elle ajoute :

– Tu t'en es remarquablement sortie. Et je

ne dis pas ça pour te flatter. Si tu veux, tu pourras monter Zébulon au pas après ses sorties. Un quart d'heure de carrière chaque fois, le temps qu'il sèche. Qu'en dis-tu ?

Le visage de Fanny s'illumine. C'est vrai ? Elle pourra monter chaque fois qu'elle viendra au club ? Et Zébulon, en plus ? Rien ne pouvait lui faire davantage plaisir. Maintenant, elle est vraiment une cavalière à part entière.

Fanny tire son père par la manche :

– Tu m'avais promis de lui parler de Zébulon et d'Émilie…

Son père hoche la tête.

– Si vous permettez, commence-t-il tandis que Fanny s'éloigne avec Polochon, j'aimerais vous poser une question…

Lorsque Fanny revient après avoir dessellé son poney, ses parents sont encore en grande discussion avec Mme Petit.

– Qu'est-ce qu'elle a dit ? demande-t-elle d'une voix nouée par l'angoisse, une fois dans la voiture.

– À propos d'Émilie ? devine son père.

– Hum…

– Tu avais raison. Elle envisage d'acheter Zébulon. Mais rien n'est encore décidé pour l'instant.

Fanny se tasse sur son siège et pousse un soupir à fendre l'âme. Ainsi, la menace se précise…

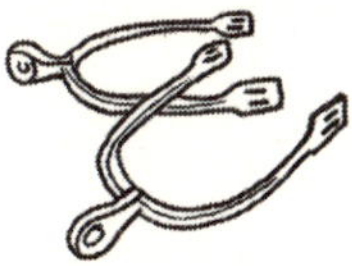

9

Plusieurs séances se passent sans qu'Émilie prenne de décision. Elle vient régulièrement au club pour essayer des poneys, mais elle en revient toujours à Zébulon. Chaque fois qu'elle sort avec lui, il rentre trempé et la tête basse.

La seule consolation de Fanny est de le sécher à son retour. Elle le monte au pas, avec toute la douceur et la légèreté possibles. Car Zébulon a tendance à réagir très vivement quand on lui touche les flancs.

Le dimanche, elle continue à monter le brave Polochon. Bien sûr, elle préférerait travailler sur Zébulon, mais celui-ci est de plus en plus rétif. Il lui est même arrivé plusieurs fois de se cabrer. C'est un miracle que Sarah ait réussi à se maintenir en selle. Fanny a même surpris Mme Petit en train de murmurer :

– Mais enfin, qu'est-ce qu'il a, ce poney ?

Elle n'est pas la seule à se poser cette question.

Fanny voit bien qu'on la regarde de travers. Quand elle s'occupe de Zébulon, elle récolte souvent des regards soupçonneux. Certains, visiblement, la croient responsable de ce qui se passe.

Personne n'a encore osé le lui dire en face. Mais, un soir, alors que Marine venait de la quitter pour se rendre à sa reprise, elle a entendu sans le vouloir une conversation entre deux filles plus âgées :

– Il n'y a pas de mystère ! disait l'une à sa copine. Réfléchis : depuis quand il est si nerveux ? Pour moi, ça date du jour où cette petite a commencé à le soigner… Comment s'appelle-t-elle, déjà ?

– Fanny, je crois, a répondu l'autre. C'est vrai, tu as raison ! Du temps d'Élisabeth, il était doux comme un agneau.

À ces mots, Fanny a cru mourir de honte. De honte, de chagrin et de colère. Elle s'est enfuie en courant et s'est réfugiée dans le box de Zébulon, où elle a fondu en larmes. Son poney chéri a eu beau lui donner des petits coups de tête pour la consoler, elle a pleuré jusqu'à l'heure du retour.

Depuis, elle n'arrête pas de se demander ce qu'elle peut bien faire de travers. Peut-être qu'Émilie n'y est pour rien, après tout, et que c'est sa faute à elle ?

Un jour, alors qu'elle nettoie la litière de Zébulon, Mme Petit fait irruption dans le box. Le gris pommelé est rentré exténué de sa promenade, comme d'habitude.

– Bonjour, Fanny ! la salue la directrice. Si tu permets, j'aimerais l'examiner. Je voulais le faire depuis un moment déjà, mais je n'ai pas eu une minute à moi.

Elle prend la tête du poney entre ses mains et lui caresse le front en disant :

– Bonjour, mon grand !

D'une main experte, elle lui palpe les hanches, la croupe, les reins, le dos, puis les jambes. Jusque-là, tout va bien, le poney ne bronche pas. Mais, dès qu'elle lui effleure les flancs, il sursaute.

– Tout doux, Zébulon ! dit-elle pour le calmer. Tout doux, mon joli !

Fanny retient son souffle. Mme Petit va-t-elle l'accuser, elle aussi, de mal s'occuper de son poney ?

Marine arrive juste à ce moment-là. Pas de chance… Fanny se serait bien passée de sa présence.

Mme Petit a localisé l'endroit sensible. Elle l'effleure à plusieurs reprises du bout des doigts, puis elle écarte les poils avec délicatesse.

– Bingo ! grommelle-t-elle entre ses dents. C'est bien ce que je craignais…

Fanny voudrait bien savoir quel est le problème. Qu'a découvert la directrice ? N'osant pas l'interroger, elle attend le verdict en tremblant.

Lorsque Mme Petit a terminé, elle fixe Fanny d'un air sévère, puis elle déclare :

– Dis-moi, Fanny... Quand tu le montes, est-ce que tu portes des éperons ?

Des éperons ? Fanny n'en croit pas ses oreilles. Jamais il ne lui viendrait une telle idée à l'esprit ! Elle vient juste de débuter. Elle s'estime déjà heureuse d'avoir le droit de monter... Elle ne désire rien de plus. Pourquoi cette question ?

– Non, bien sûr que non ! bredouille-t-elle, totalement désemparée.

– Écoute, reprend Mme Petit. Tu vois, ici, ces petites plaies ? Ce sont des blessures dues à des éperons. Le pauvre en est couvert. Tu comprends ce que cela signifie, n'est-ce pas : que quelqu'un le talonne régulièrement avec des éperons...

Après une courte pause, elle ajoute :

– Quelqu'un qui ne sait pas bien monter à cheval.

De nouveau, elle fixe Fanny avec gravité :

– Tu es certaine de ne pas avoir voulu essayer ? Ne serait-ce que pour voir ? Parce que je ne connais personne ici qui monte avec des éperons. Aucun des cavaliers du club, en tout cas.

Ainsi, la directrice la croit coupable ! La pauvre Fanny en est toute retournée. Elle soutient le regard de Mme Petit, mais elle est au bord des larmes.

– Certaine ! répond-elle d'une voix aussi assurée que possible. De toute façon, je n'en ai pas.

Mme Petit ne semble pas convaincue. Cependant, elle s'incline :

– Fanny, je ne te connais pas depuis longtemps. Mais, puisque tu me dis que tu n'en as pas, je te crois.

Elle fait une courte pause et murmure, comme pour elle-même :

– Simplement, je ne vois pas qui, à part toi, aurait pu le monter avec des éperons…

– T'oublies que t'as les miens ! intervient alors Marine depuis la travée. Je te les ai prêtés il y a trois semaines et tu ne me les as toujours pas rendus !

Mme Petit se redresse en sursaut.

– Donc, tu m'as menti ! s'exclame-t-elle d'une voix coupante. Si tu as ceux de Marine…

– Mais je…, tente de se défendre Fanny.

Incapable d'argumenter davantage, elle fond en larmes. Comment pourrait-elle prouver à Mme Petit que les éperons de Marine ne sont pas sortis de son placard depuis qu'elle les a essayés ? De toute façon, la directrice ne la croira pas…

Celle-ci ne sait d'ailleurs pas quoi penser. Elle semble tiraillée entre le désir de consoler Fanny, et sa méfiance à l'égard d'une élève capable de maltraiter son poney. Elle pose sur Fanny un regard ennuyé, puis elle déclare avec gravité :

– Je t'interdis désormais de monter Zébulon, mais je te permets de continuer à le soigner. Au moins, tant que je n'aurai pas la preuve de ton innocence. Mais s'il s'avère…

Elle laisse sa phrase en suspens, hoche la tête avec tristesse, et sort sans ajouter un mot. Fanny est accablée.

Marine se faufile dans le box :

– La vache ! Elle était vraiment pas contente !

– Imbécile, explose Fanny.

Ivre de colère, elle se rue à l'extérieur du box et se sauve en courant. Si elle le pouvait, elle rentrerait chez elle à pied. Hélas, elle est obligée d'attendre que Mme Joubert vienne la chercher.

Quel besoin Marine a-t-elle eu de la dénoncer ? Pourquoi a-t-il fallu qu'elle parle de ses éperons à Mme Petit ? Alors qu'elle sait pertinemment que Fanny ne les a jamais apportés au club ! Résultat : maintenant, la directrice la prend pour une menteuse…

« Oh, Marine, t'avais pas le droit ! » se lamente-t-elle en allant se terrer dans un hangar désert, en attendant l'heure du retour.

En revenant, Fanny ne dit pas un mot de tout le trajet. Elle a décidé qu'elle n'avait plus rien à dire à Marine.

Mme Joubert s'étonne de son silence.

– Qu'est-ce ce qui ne va pas ? lui demande-t-elle gentiment.

– Rien ! gronde Fanny sans desserrer les dents.

Elle ne peut rien ajouter, sinon, elle va se mettre à pleurer. Et ça, il n'en est pas question. Surtout devant cette vipère.

Au moment de descendre de la voiture, Marine murmure du bout des lèvres :

– Désolée…

Fanny ne répond pas. Oh, il va se passer longtemps avant qu'elle lui adresse de nouveau la parole ! Quand on est capable d'être aussi infect, on ne s'attend quand même pas à ce que les autres vous fassent des risettes !

10

Ce soir-là, Fanny met beaucoup de temps à s'endormir. Ses parents ont fait tout ce qu'ils ont pu pour la consoler, mais ils n'ont malheureusement pas très bien réussi.

– Nous pourrions peut-être aller voir Mme Petit, a suggéré sa mère. Si on lui dit que ces maudits éperons ne sont jamais sortis de ton placard…

– Ça ne servira à rien ! a répliqué Fanny. Tant qu'elle n'aura pas la preuve que quelqu'un d'autre monte Zébulon avec des éperons, elle croira que c'est moi.

– Alors, laisse tomber ! s'est emporté son père. Si tu n'es pas heureuse dans ce club, trouve-toi une autre activité !

Laisser tomber ? Mais il n'en est pas question ! Elle veut à tout prix continuer à monter !

Seule dans le noir, elle n'arrête pas de tourner et retourner toutes ces questions dans sa tête. Jamais elle n'a été aussi déprimée. « Une injustice pareille, il y a de quoi être folle de rage, non ? Ah, si seulement je pouvais prouver mon innocence… Oui, mais comment ? »

Fanny enfouit la tête dans son oreiller et pleure toutes les larmes de son corps. Puis elle essaie de réfléchir. En fait, il faudrait qu'elle démasque le coupable… qu'elle découvre qui monte Zébulon avec des éperons…

Elle frissonne de la tête aux pieds. Oui, c'est ça, la solution !

Encore secouée par les sanglots, elle se concentre de toutes ses forces.

« OK, depuis que je m'occupe de Zébulon, il a un comportement bizarre. Et c'est à ses retours de promenade qu'il a l'air le plus abattu… Émilie est un monstre, ça ne devrait pas être permis de mettre un poney dans des états pareils. Je la déteste… Mais, au fait, Émilie est bien arrivée au club en même temps que moi, non ? Ce qui voudrait dire que… »

Fanny sent l'excitation la gagner.

Mais non, Émilie ne met pas d'éperons. Si c'était le cas, Fanny s'en serait forcément aperçue ! La plupart du temps, c'est elle qui prépare Zébulon et qui le sèche à son retour de promenade. Or elle est certaine de ne jamais en avoir vu sur les bottes de la jeune cavalière.

« Si ce n'est pas elle, alors c'est qui ? » se demande Fanny avec anxiété.

D'après Mme Petit, cela ne peut pas être quelqu'un du club. La directrice connaît tous ses élèves personnellement, et elle répond de chacun d'eux. Fanny est la seule en qui elle n'ait pas encore une confiance absolue.

Cette pensée lui arrache un soupir. C'est dur de se savoir soupçonnée, surtout à tort...

Et si Émilie portait des éperons en cachette ? Si elle les mettait quand elle est sûre que personne ne la voit, et qu'elle les enlevait juste avant de rentrer ?

D'un seul coup, c'est l'illumination. Bien sûr, c'est forcément ça ! Il n'y a pas d'autre solution !

Hélas, comment le prouver ?

Elle décide de passer à l'action. Elle va suivre Émilie pendant ses promenades. Il faut qu'elle la surprenne en flagrant délit.

Libérée d'un grand poids, elle bâille à s'en décrocher la mâchoire. Mais, tandis que ses paupières se ferment, elle réalise que surprendre Émilie ne suffira pas. Pour qu'on la croie, il faut qu'elle ait un témoin. Quelqu'un qui espionnerait Émilie avec elle, et en qui Mme Petit aurait totalement confiance.

« À qui pourrais-je bien demander ? » s'interroge-t-elle.

Elle est si fatiguée qu'elle s'endort sans avoir trouvé la réponse à cette question.

11

Trois jours plus tard, alors que Fanny finit de panser Zébulon, Émilie vient le chercher pour le monter. Au moment de se hisser en selle, elle déclare d'une voix mielleuse :

– Tu peux lui dire au revoir ! Mes parents sont d'accord pour l'acheter. Ce week-end, ils signent la vente avec Mme Petit.

Et hop, la voilà partie. Fanny la regarde s'éloigner en serrant les poings. Non, elle ne pleurera pas. Elle a mieux à faire que se lamenter. Elle doit se battre. Dans l'intérêt de Zébulon… et du sien aussi, bien sûr.

Elle attend qu'Émilie ait disparu derrière

la haie. Le chemin serpente en zigzag jusqu'à un petit bois de bouleaux, derrière lequel commence une longue piste sablonneuse en ligne droite, parfaite pour galoper. Fanny connaît l'endroit pour s'y être promenée une ou deux fois avec Charlotte. Par le chemin, il faut une petite dizaine de minutes pour y parvenir. Mais, en coupant à travers champs, c'est beaucoup plus court.

Fanny n'hésite pas une seconde. Elle aurait bien demandé à Charlotte de l'accompagner pour lui servir de témoin. Manque de chance, Charlotte a un devoir d'anglais à terminer, et elle n'est pas venue au club. Et le temps presse : si les parents d'Émilie ont prévu de signer ce week-end, Fanny ne peut pas attendre la semaine prochaine pour démasquer la coupable. C'est aujourd'hui ou jamais !

Elle court ranger le matériel de pansage. En sortant de l'écurie, elle croise Robin qui traîne dans la cour, comme d'habitude. En la voyant si pressée, il fronce les sourcils.

« Qu'il pense ce qu'il veut ! se dit Fanny

en prenant ses jambes à son cou. Ça m'est bien égal ! »

Elle court vers le bois de bouleaux et s'enfonce sous les arbres. Rien ne l'arrête, ni les racines qui la font trébucher, ni les branches basses qui lui fouettent le visage. Pour sauver Zébulon, elle est prête à tout !

Hors d'haleine, elle parvient enfin au bord du chemin. Pourvu qu'Émilie n'ait pas été plus rapide qu'elle ! Elle se tapit derrière un buisson et attend, le cœur battant. Rien. C'est bizarre, pourquoi Émilie n'arrive-t-elle pas ? Elle devrait déjà être là !

Soudain, elle reconnaît le souffle de son protégé. Ils approchent !

Un craquement la fait sursauter. Un bruit sec, comme si quelqu'un avait marché sur une branche. Un animal ? Peu importe, la seule chose qui l'inquiète, c'est que Zébulon puisse être vendu à Émilie… Plissant les yeux, elle guette l'arrivée du poney et de sa cavalière.

Les voilà ! Débouchant du sentier en zig-zag, ils s'engagent sur la piste sablonneuse.

De nouveau, des branches craquent derrière Fanny, et Zébulon fait une embardée. Il en faut plus pour désarçonner Émilie. Un étrange sourire aux lèvres, elle reste parfaitement droite sur sa selle. Mme Petit avait raison, elle monte vraiment bien à cheval. Quant à savoir si c'est une « bonne » cavalière, qui prend soin de son poney, cela reste à démontrer…

« Logiquement, elle devrait chausser ses éperons… », pense Fanny, qui ne la quitte pas des yeux. Nerveux, Zébulon cherche à prendre le mors aux dents. Émilie le talonne – sans éperons – et il part au galop, soulevant des nuages de poussière autour de lui.

Fanny se frotte les yeux. Ça alors ! C'est complètement fou ! Émilie ne met donc pas d'éperons ?

Incrédule, elle regarde le gris pommelé et sa cavalière s'éloigner à fond de train. Est-il possible qu'elle se soit trompée ? Qu'elle ait soupçonné Émilie à tort ? Mais alors…

Soudain, des feuilles mortes crissent dans son dos.

– Déçue, hein ? l'apostrophe une voix. Ce n'est pas ce que t'espérais…

Fanny se retourne aussi sec. La surprise lui arrache un cri :

– Robin ? Qu'est-ce que tu fais là ?

– Je pourrais te demander la même chose, répond le garçon avec un sourire tranquille. En fait, je parie qu'on a eu la même idée.

Fanny est trop interloquée pour dire quoi que ce soit.

– Tu espionnes Émilie, n'est-ce pas ? poursuit-il, imperturbable. Tu n'es pas venue ici pour regarder le paysage !

– N… non, balbutie Fanny. Toi non plus, je suppose… Quelle raison as-tu de…

– Je suis certain que tu ne ferais jamais de mal à un de nos poneys, déclare-t-il simplement.

Fanny en reste bouche bée. Cette déclaration est bien la dernière chose à laquelle elle se serait attendue ! Ce garçon est peut-être moins stupide qu'elle le croyait…

Robin lui sourit gentiment.

– Pourtant, ta mère est persuadée du

contraire, réussit-elle à articuler quand elle est revenue de sa surprise.

– Ma mère ne sait plus quoi penser, explique-t-il. Elle t'aime bien. D'un autre côté, elle ne peut pas imaginer qu'une bonne cavalière comme Émilie se serve d'éperons à tort et à travers.

– Hum…

Fanny observe la piste sablonneuse avec tristesse et murmure :

– Le hic, c'est qu'elle n'en porte pas, justement…

Robin se rembrunit :

– Exact !

Tandis qu'ils réfléchissent tous deux à ce mystère, un bruit sourd se rapproche rapidement.

– C'est peut-être elle qui revient ! déclare Robin tout bas. Vu l'état dans lequel elle ramène Zébulon chaque fois, c'est possible qu'elle passe tout son temps à le faire galoper.

– Vite, cachons-nous ! répond Fanny en se précipitant derrière un buisson.

Robin la rejoint d'un bond.

Zébulon entre dans leur champ de vision. Il ne galope plus aussi vite que tout à l'heure. Pas étonnant qu'il fatigue si elle ne le laisse jamais souffler…

Parvenue au bout de la ligne droite, à quelques pas à peine de l'endroit où se trouvent les deux enfants, Émilie tire brusquement sur les rênes. Et là, au lieu de poursuivre sur le chemin sinueux où elle serait obligée de continuer au pas ou au trot, elle impose à Zébulon de faire demi-tour.

« Le pire, c'est que Robin a raison ! s'indigne Fanny. Elle le fait galoper pendant toute l'heure ! »

– Alors, mon vieux ? lance la cavalière de sa voix haut perchée. Tu n'es pas très rapide aujourd'hui. Tu dois bien pouvoir accélérer encore un peu, hein ?

Tout en parlant, elle fouille dans ses poches. Fanny retient son souffle.

Ah, Émilie sourit ! Elle semble avoir trouvé ce qu'elle cherchait… En effet : dans sa main une paire d'éperons brille d'un éclat sinistre. Oh, elle les fixe à ses bottes sans même descendre de poney ! C'est dire si elle a l'habitude…

Zébulon proteste en s'ébrouant. Émilie le reprend aussitôt en main, et crie :

– Maintenant, à nous deux !

Et elle l'éperonne énergiquement.

Le pauvre poney pousse un hennissement effrayé et part ventre à terre :

– Youhououou ! crie Émilie, ravie.

Robin bondit sur ses pieds.

– Non mais ça va pas, la tête ? Elle est cinglée ! Ça ne va pas se passer comme ça, c'est moi qui te le dis !

Il prend Fanny par les épaules et lui dit :

– Toi, tu restes ici. Surtout, ne bouge pas. Moi, je cours chercher ma mère. Il faut absolument qu'elle voie ça.

Sur ces mots, il s'enfuit en courant.

Fanny n'a pas longtemps à attendre. À peine quelques minutes plus tard, voici Robin qui revient avec Mme Petit.

– Fanny ! s'exclame celle-ci, haletante. Je suis désolée. Robin m'a raconté…

Le bruit sourd d'une cavalcade l'interrompt.

– La revoilà ! murmure Fanny tout bas en pointant le doigt.

Zébulon arrive au triple galop, écumant et soufflant, sa belle robe claire inondée de sueur. Pourtant, il n'y a pas une demi-heure qu'Émilie le monte !

Mme Petit pâlit. Plissant les yeux, les lèvres pincées, elle fixe Émilie d'un air furieux. Puis, voyant que celle-ci s'apprête à repartir dans l'autre sens, elle jaillit des fourrés comme une fusée et saisit Zébulon par la bride.

– Pied à terre ! tonne-t-elle devant la jeune cavalière, abasourdie. Descends de ce poney immédiatement !

12

Fanny n'a jamais vu Mme Petit aussi en colère ! La directrice est hors d'elle.

– Comment oses-tu ? hurle-t-elle à Émilie. Tu sais très bien que les éperons sont interdits chez nous !

Émilie hausse les épaules :

– Pff…, si vos canassons n'avancent pas…

Faisant un effort pour se contrôler, Mme Petit déclare sur un ton contenu :

– Va-t'en ! Je ne veux plus jamais te revoir ici, compris ? Et pour ce qui est de nous acheter un poney, tu diras à tes parents que c'est hors de question !

Émilie n'a pas l'air de se troubler.

– Tu peux compter sur moi pour leur dire ma façon de penser ! poursuit la directrice. Après le coup de fil que je vais leur passer, je ne suis pas sûre ils aient encore envie de t'offrir un poney !

– … M'est égal ! grommelle l'adolescente avec insolence.

– À ta place, je ferais moins la fière, ma petite ! tonne Mme Petit. Car je vais aussi prévenir la fédération. Et tu vas avoir du mal à trouver un club qui t'accepte, je te le garantis.

Cette fois, Émilie pâlit. Mme Petit croise les bras sur sa poitrine et la fixe sans un mot jusqu'à ce qu'elle s'en aille. Puis elle se racle la gorge et se tourne vers Fanny :

– Fanny, je te dois des excuses. J'ai eu tort de te soupçonner.

Fanny ne sait pas quoi répondre. Mme Petit lui tend la main :

– On fait la paix ?

– Oui ! acquiesce Fanny, un peu embarrassée tout de même.

C'est vrai, elle est gênée, mais elle est

surtout soulagée. Quelle chance elle a eue ! Si Robin ne s'était pas trouvé là au bon moment…

Tiens, le voilà qui s'avance.

– Tu veux un chewing-gum ? propose-t-il avec un grand sourire.

Comme s'il n'y avait rien de plus important !

– Pourquoi pas, accepte-t-elle.

Soudain, elle se sent rougir.

« Zut ! se dit-elle. Il va croire que c'est à cause de lui ! »

Curieusement, Robin est tout à coup pressé de s'en aller :

– Bon, si vous n'y voyez pas d'inconvénient, je file…

– D'ac ! fait sa mère en opinant.

– J'ai une idée, lance Mme Petit en prenant Zébulon par la bride. Que dirais-tu de participer à notre grande chasse au renard, le mois prochain ?

La grande chasse au renard ? Fanny ne voit pas du tout de quoi il s'agit.

– Si tu t'appliques bien jusque-là, poursuit la monitrice, tu pourras même monter Zébulon.

Fanny en reste sans voix.

Monter Zébulon ? En sortie ? Ce serait… ce serait tout simplement merveilleux.

Soudain, elle se rembrunit :

– Est-ce que c'est une vraie chasse ? demande-t-elle avec inquiétude. Je veux dire, est-ce que vous chassez vraiment un renard ?

Car elle n'a pas envie de tuer des animaux.

– Oui, répond en riant Mme Petit. Mais pas un vrai, rassure-toi ! L'un de nos cavaliers met une toque à queue de renard, et c'est lui que nous essayons d'attraper.

– Alors, j'accepte ! s'exclame Fanny, soulagée.

Et, baissant la voix, elle ajoute :

– Merci beaucoup. C'est vraiment très gentil à vous…

– Ttt, réplique Mme Petit. C'est à moi de te remercier. Tu m'as évité de faire une grosse bêtise en vendant un de mes meilleurs poneys à cette pimbêche.

Elle s'arrête, tend les rênes à Fanny et lui dit :

– Tiens, ramène donc Zébulon à l'écurie.

Sur ces mots, hop ! elle soulève Fanny de terre et la hisse sur le dos du poney. Zébulon se met aussitôt au pas.

Fanny a l'impression de rêver. Et dire qu'hier, l'avenir lui paraissait si sombre ! Quelle différence avec aujourd'hui ! Non seulement elle a démasqué Émilie ; mais, en plus, elle a gagné le droit de monter son chouchou ! C'est trop beau pour être vrai.

D'un seul coup, c'est comme si un poids énorme lui tombait de l'estomac. Elle pousse un long, un très long soupir de soulagement.

Mme Petit a pris le raccourci à travers champs. Fanny rentre donc seule aux Trois Hiboux. C'est la première fois qu'elle monte sans personne pour l'accompagner.

L'été touche à sa fin. Les feuilles des arbres ont commencé à se teinter de jolies couleurs d'automne. Une petite brise soulève l'épaisse crinière de Zébulon, qui marche tranquillement

au pas sans que Fanny ait à intervenir.

« Quel joli paysage ! » s'émerveille Fanny, qui sent de nouveau les délicieux picotis et chatouillis l'envahir.

Oui, maintenant que plus personne ne veut lui enlever Zébulon, elle voit la vie en rose : elle a la confiance de Mme Petit, Robin a été gentil avec elle, et elle est responsable du plus beau poney du monde. Un poney qu'elle va même avoir le droit de monter lors de la prochaine chasse au renard ! À condition qu'elle s'applique, a précisé la directrice.

Pour ça, pas de soucis, on peut compter sur elle !

Fanny caresse gaiement l'encolure de Zébulon, et le poney lui répond en tournant légèrement la tête. Il lui jette un petit regard en coin, puis il reprend le chemin du club en faisant craquer les feuilles mortes.

En arrivant dans la cour, Fanny tombe sur Marine. Robin traîne devant chez lui en mâchouillant son éternel chewing-gum.

– Enfin, te voilà ! s'écrie Marine en accourant vers elle. Mme Petit nous a tout raconté !

Elle attend que Fanny ait mis pied à terre pour lui souffler à l'oreille :

– T'aurais vu la tête d'Émilie ! Elle avait l'air folle de rage. Elle a pris ses affaires et elle est partie en claquant la porte.

– Bon débarras ! se réjouit Fanny.

– Elle ne m'a même pas dit au revoir ! se désole Marine. Comme si on ne se connaissait pas.

Fanny la regarde avec des yeux ronds. C'est du Marine tout craché, ça ! Elle se fiche complètement de savoir ce qui est arrivé à Zébulon. La seule chose qui l'intéresse, c'est qu'on fasse attention à elle.

– Désolée, grommelle Fanny en lui passant devant. Je n'ai pas le temps de discuter. Je dois m'occuper de Zébulon.

Elle entraîne son poney vers l'écurie.

Adossé à la porte dans une pose décontractée, Robin lui barre l'entrée. Fanny lui adresse un sourire timide. Quand même, il a été vraiment sympa de l'aider à démasquer Émilie. Il faut qu'elle le remercie…

Mais il a cet air indifférent qu'elle déteste. Du coup, elle n'ose pas.

– Ça va ? demande-t-elle.

– Ça va ? l'imite-t-il pour la taquiner.

Fanny respire à fond, puis elle se jette à l'eau :

– Écoute, je voulais…

Mais Robin a déjà tourné les talons. Il traverse la cour avec sa nonchalance habituelle. Fanny en reste comme deux ronds de flan. C'est son tour d'être vexée.

– Il m'énerve, mais il m'énerve ! murmure-t-elle tout bas.

– Qu'est-ce qu'il y a ? demande Marine en la rejoignant. Qu'est-ce que tu lui voulais ?

– Rien..., ment Fanny.

Elle conduit Zébulon jusqu'à son box et commence à le panser.

« Qu'ils aillent tous se faire voir ! pense-t-elle en bouchonnant son poney. Marine la première. Sans parler d'Émilie... Quant à Robin, ce n'est qu'un imbécile. S'il ne veut pas me parler, tant pis pour lui... Le seul qui me comprenne, c'est Zébulon... »

Elle prend une éponge et lui essuie la tête avec précaution. Il la bourre de petits coups de tête, juste pour la taquiner.

Fanny rit et prend sa grosse tête dans ses bras. Oui, tant qu'elle a Zébulon et qu'elle peut s'occuper de lui, elle est la fille la plus heureuse de la Terre. Et ni Marine ni Robin ne pourront lui gâcher son plaisir.

Mme Petit passe sa tête dans le box :

– Tout va bien ?

– Oui ! répond joyeusement Fanny.

Fronçant les sourcils, elle ajoute :

– Dites, Madame Petit, il y a quelque chose que je ne comprends pas. Si les éperons sont une torture pour les chevaux, pourquoi y a-t-il des cavaliers qui en portent ?

– C'est une bonne question ! sourit la directrice. En fait, les éperons ne sont utiles qu'aux cavaliers qui savent très, très bien monter. Pour que la tige ne blesse pas les chevaux, il faut avoir les jambes toujours parfaitement fixes.

Fanny l'écoute avec attention.

– On s'en sert en général lors d'exercices de dressage très précis ; par exemple, lorsque l'on demande aux chevaux d'exécuter des figures compliquées et qu'on ne doit laisser voir qu'un minimum de signaux. Dans ces cas-là, cela peut être une aide appréciable. Si tu fais bien attention, tu remarqueras que les grands champions donnent l'impression de ne pas bouger du tout pendant leur reprise. En réalité, ils communiquent leurs ordres à leur cheval en lui effleurant légèrement les flancs. Ce qui ne lui fait pas mal, évidemment.

Fanny réfléchit, puis elle dit :

– Mais ils pourraient donner les mêmes ordres autrement qu'avec des éperons, n'est-ce pas ?

– Oui ! rit Mme Petit. Seulement, ce serait beaucoup plus voyant !

– Hum, fait Fanny. Tant pis. Moi, je ne mettrai jamais d'éperons !

Mme Petit rit :

– Tu as raison ! Mais, tu sais, la plupart des cavaliers en usent avec modération. Les gens comme Émilie sont très rares, heureusement !

Sur ces mots, elle quitte le box. Fanny finit de panser Zébulon. Puis elle reste encore un instant avec lui à réfléchir, tandis qu'il tire sur son foin. Elle a tant de choses à apprendre ! Sur les chevaux, sur la manière de les aborder, de les monter, et aussi sur Zébulon, bien sûr… Elle est parfois si maladroite ! Si désemparée…

Ça ne fait rien. En s'appliquant, elle y

arrivera. Et elle participera à la chasse au renard, comme les autres.

Pas question de rater ça !

En attendant, demain, la première chose qu'elle fera en arrivant à l'école sera de rendre à Marine ses maudits éperons.

Car Fanny, elle, n'est pas une frimeuse !

Imprimé en Espagne par Novoprint